En el cielo

La Luna

por Carol Ryback

Consultora de lectura: Susan Nations, M.Ed., autora/tutora de alfabetización/consultora

Gareth Stevens
PUBLISHING

Please visit our website, www.garethstevens.com. For a free color catalog of all our high-quality books, call toll free 1-800-542-2595 or fax 1-877-542-2596.

Library of Congress Cataloging-in-Publication Data

Ryback, Carol.
[Moon. Spanish]
La luna / Carol Ryback.
p. cm. — (En el cielo)
Includes bibliographical references and index.
ISBN-13: 978-0-8368-6495-3 ISBN-10: 0-8368-6495-6 (lib. bdg.)
ISBN-13: 978-0-8368-6500-4 ISBN-10: 0-8368-6500-6 (softcover)
I. Title.
QB582.R9318 2006
523.3–dc22 2005032372

Updated edition reprinted in 2008.
This edition first published in 2006 by
Gareth Stevens Publishing
111 East 14th Street, Suite 349
New York, NY 10003

Series editor: Dorothy L. Gibbs
Editor: Barbara Kiely Miller
Art direction, cover and layout design: Tammy West
Photo research: Diane Laska-Swanke
Translators: Tatiana Acosta and Guillermo Gutiérrez

Photo credits: Cover, title, NASA/JPL-Caltech; pp. 5, 6, 7, 11, 14 NASA; p. 9 Lick Observatory; pp. 10, 19, 21 NASA Goddard Space Flight Center; p. 13 NASA Kennedy Space Center; pp. 16, 20 NASA Johnson Space Center; p. 17 © Ken Lucas/Visuals Unlimited

Printed in the United States of America

2 3 4 5 6 7 8 9 10 09 08

Contenido

Cubierta y portada: La seca y polvorienta Luna terrestre está cubierta de cráteres.

CAPÍTULO 1

Una luz en el cielo nocturno

Es fácil ver la Luna en el cielo nocturno. Su brillante luz es mucho más fuerte que la de una estrella. La Luna se desplaza por el cielo de este a oeste. Sigue un camino en el espacio llamado **órbita.** La órbita de la Luna describe un gran círculo alrededor de la Tierra.

La Luna no tiene luz propia. El Sol la ilumina. Desde la Tierra, vemos la parte de la Luna que recibe la luz del Sol. Si la luz del Sol no iluminara la Luna, no podríamos verla en el cielo nocturno.

La Luna completa una órbita alrededor de la Tierra en ventinueve días y medio.

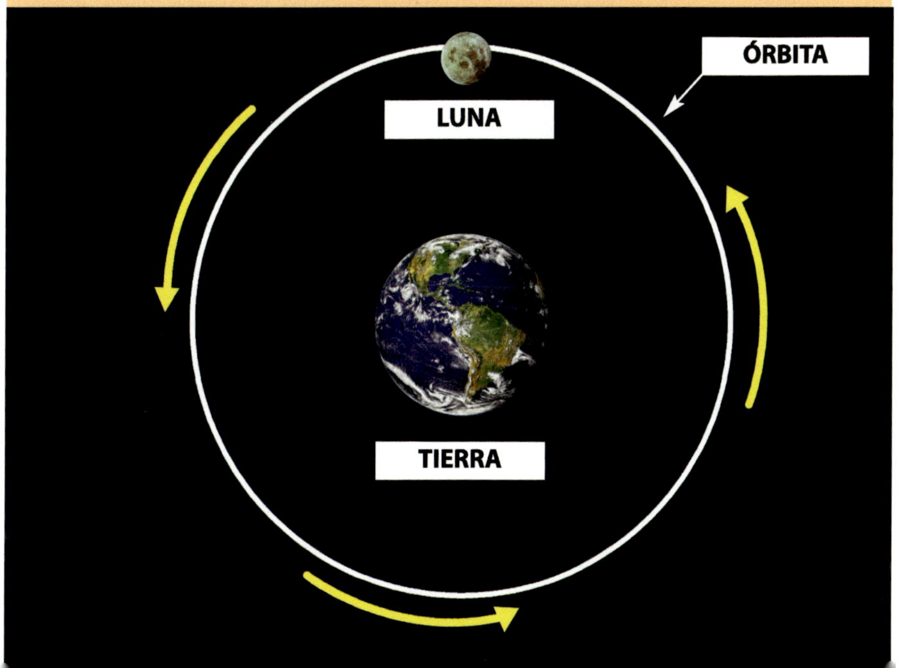

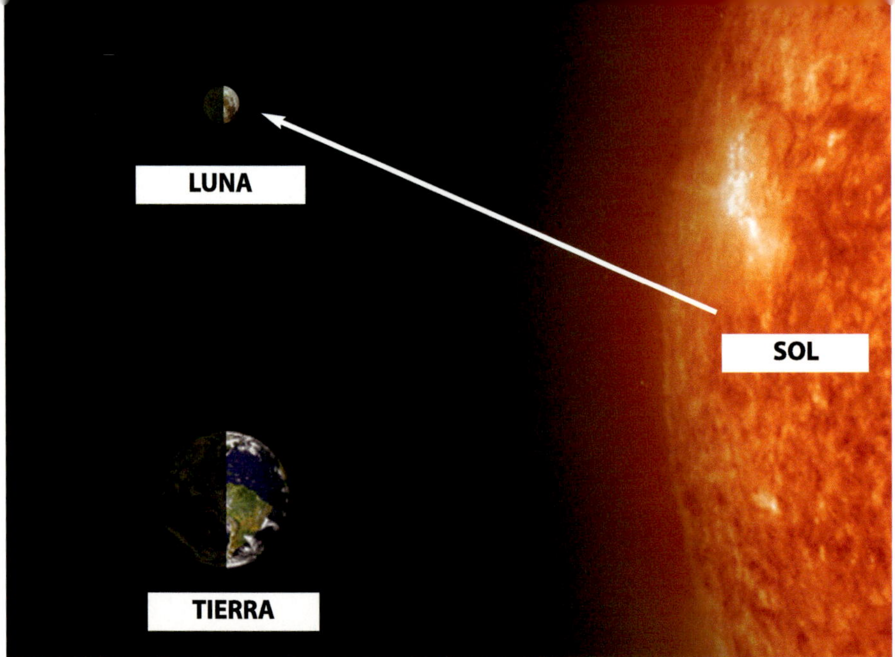

La luz procedente del Sol ilumina la Luna. Desde la Tierra, vemos la parte de la Luna iluminada por el Sol.

La Luna es redonda, aunque no siempre lo parezca. De una semana a otra, su forma parece cambiar lentamente. En realidad, la forma de la Luna no cambia. La vemos con diferentes formas porque la luz del Sol ilumina diferentes partes.

Las diferentes formas de la Luna reciben el nombre de **fases**. La Luna tiene cuatro fases. Cada fase tiene un nombre. Los nombres de las fases son: Luna nueva, cuarto creciente, cuarto menguante y Luna llena.

Las fases de la Luna cambian lentamente a medida que la Luna orbita la Tierra.

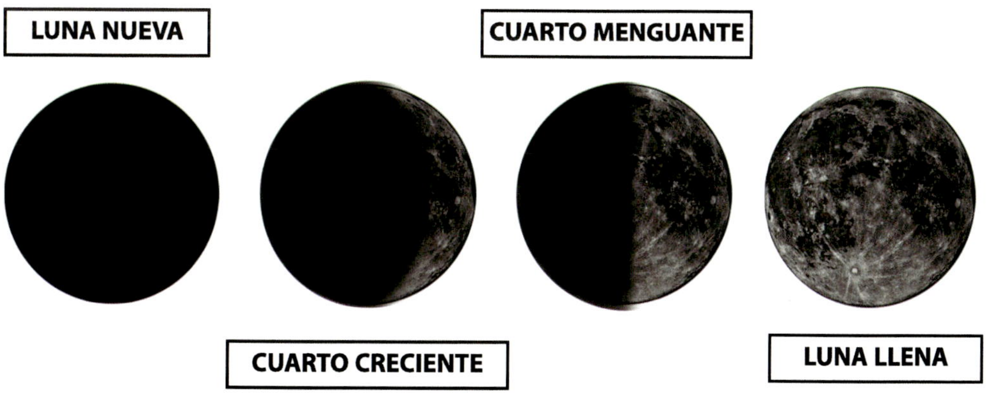

CAPÍTULO 2

El hombre en la Luna

A algunos les parece que cuando miran la Luna ven una cara. Y lo llaman “El hombre en la Luna”. Por supuesto, en la Luna no hay una cara. La Luna está cubierta de rocas y polvo que hacen que unas zonas se vean más oscuras y otras más claras.

Las partes oscuras de la Luna son, por lo general, rocas planas. Hace mucho tiempo, se creía que las zonas oscuras de la Luna eran océanos o mares. Por eso, estos lugares recibieron nombres como "Mar de la Tranquilidad" y "Mar de las Nubes". Aunque ahora sabemos que en la Luna no hay agua, aún seguimos llamando "mares" a estas áreas oscuras.

Hace mucho tiempo, la gente pensaba que las áreas oscuras de la Luna eran océanos.

Un astronauta deja su huella en
el polvoriento suelo lunar.

Las zonas más claras de la Luna son, en su mayor parte, tierra. Una capa de tierra gris y fina como el polvo cubre casi toda la Luna. Cubre las colinas, las montañas y los cráteres.

Los **cráteres** de la Luna parecen enormes agujeros circulares de altas paredes. Aparecieron cuando gigantescas rocas procedentes del espacio golpearon la superficie lunar. La mayoría de los cráteres de la Luna tienen miles de millones de años de antigüedad.

La cara oculta de la Luna está llena de cráteres. Desde la Tierra no podemos ver este lado de la Luna.

CAPÍTULO 3

Luz y sombra

Algunas veces, la Luna pasa entre la Tierra y el Sol. Al hacerlo, impide que la luz del Sol llegue a la Tierra. Cuando esto ocurre, la sombra de la Luna se proyecta sobre la Tierra. Cuando la Luna tapa la luz del Sol decimos que hay un **eclipse solar**.

Algunas veces, es la Tierra la que pasa entre el Sol y la Luna. La Tierra impide entonces que la luz del Sol llegue a la Luna. Cuando esto ocurre, la sombra de la Tierra oscurece la Luna. Cuando la sombra de la Tierra cubre total o parcialmente la Luna decimos que hay un **eclipse lunar**.

La sombra de la Tierra cae sobre la Luna llena durante un eclipse lunar.

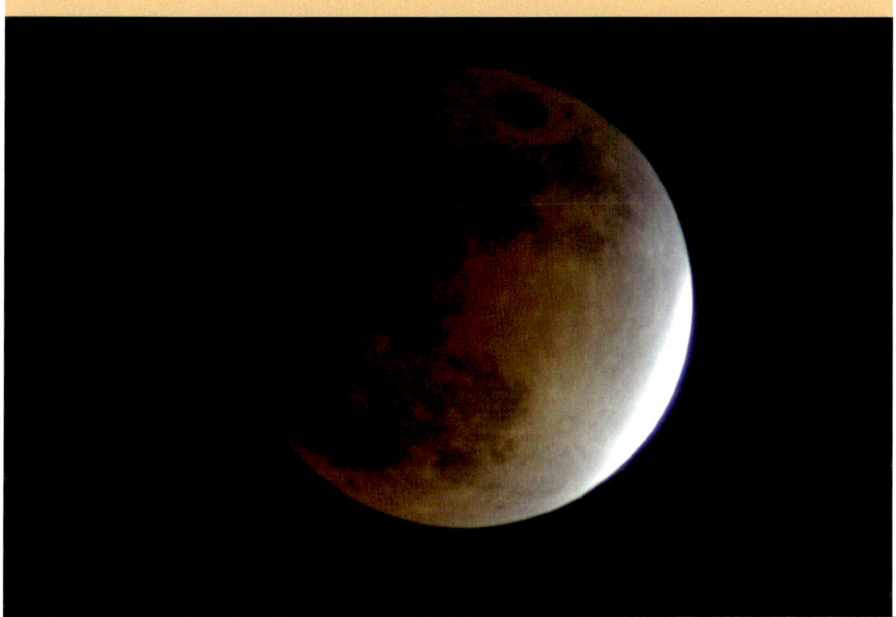

Desde la Tierra sólo vemos un lado de la Luna. Llamamos al lado que no podemos ver “la cara oculta”. Naves espaciales han fotografiado la cara oculta de la Luna. En esas fotografías apenas se aprecian áreas llanas. La cara oculta de la Luna está cubierta de cráteres.

Los cráteres se formaron cuando grandes rocas procedentes del espacio chocaron con la cara oculta de la Luna.

CAPÍTULO 4

Una fuerza poderosa

La Tierra es, aproximadamente, cuatro veces más grande que la Luna. También pesa mucho más que la Luna. El tamaño y el peso de la Tierra producen una fuerza llamada **gravedad**. La gravedad de la Tierra atrae a la Luna, y hace que la Luna orbite alrededor de la Tierra.

La escasa gravedad lunar permite que salte muy alto un astronauta que lleva un pesado traje espacial.

La Luna también tiene gravedad. Sin embargo, la suya es mucho más débil que la de la Tierra. Si en la Tierra pesas 100 libras (45 kilogramos), en la Luna pesarías sólo unas 17 libras (8 kg). ¡Imagina lo alto que podrías saltar allí!

Aunque la gravedad de la Luna es débil, ejerce una fuerza sobre la Tierra. La gravedad de la Luna atrae el agua de los océanos terrestres. Esta atracción es la causa de las mareas en los océanos. Las mareas son los cambios en el nivel del agua en los océanos. Cuando hay marea alta, la profundidad es mayor que durante la marea baja.

La fuerza ejercida por la gravedad de la Luna causa las mareas en los océanos. Durante la marea alta, el agua llega a las rocas. Con marea baja, la playa es más amplia y se puede ver más arena.

CAPÍTULO 5

Un viaje a la Luna

La distancia de la Tierra a la Luna es de unas 240,000 millas (385,000 kilómetros). Equivale a viajar unas cien veces de la ciudad de Nueva York a Los Ángeles, California. Si hubiera una autopista a la Luna, tendrías que manejar casi 143 días —¡sin parar! Las naves espaciales son mucho más rápidas. ¡Algunas pueden llegar a la Luna en sólo tres días!

Llamamos astronautas a las personas que viajan al espacio. Los **astronautas** llegaron a la Luna por primera vez el 20 de julio de 1969. Después de alunizar, tomaron fotografías y realizaron experimentos científicos. Los astronautas también recogieron rocas lunares para traerlas a la Tierra.

El astronauta Ed "Buzz" Aldrin fue la segunda persona que caminó sobre la Luna. La primera fue el astronauta Neil Armstrong.

Un astronauta explora la Luna en un “lunar rover”.

Seis grupos de astronautas han visitado la Luna en diferentes ocasiones. Algunos llevaban unos autos especiales, conocidos como **lunar rovers,** para desplazarse en la Luna. Estos vehículos hicieron más fácil su exploración. Cuando regresaron a la Tierra, los astronautas abandonaron los “lunar rovers” en la Luna.

Un astronauta golpeó una bola de golf en la Luna. La bola cayó en un cráter. ¡El astronauta había logrado un hoyo de un solo golpe en la Luna! La última vez que alguien caminó sobre la superficie lunar fue en 1972. Algún día, es posible que otros astronautas visiten de nuevo la Luna. ¿Serás tú uno de ellos?

¿Quién será la próxima persona que camine sobre la Luna?

Glosario

cráteres — agujeros circulares con forma de tazón

creciente y menguante — fases en que la Luna tiene una forma curva, con puntas

eclipse — sombra en el espacio que impide temporalmente que la luz del Sol llegue a la Luna o a un planeta

fases — serie de cambios, como los cambios de forma que vemos en la Luna

lunar — relativo a la Luna

mareas — ascenso y descenso del nivel de las aguas oceánicas en determinados momentos del día

rocas — piedras

solar — relativo al Sol

Más información

Libros

The Moon. Seymour Simon (Simon & Schuster Children's Books)

Moon. Jump into Science (series). Steve Tomecek (National Geographic Children's Books)

Reaching for the Moon. Buzz Aldrin (HarperCollins)

So That's How the Moon Changes Shape! Rookie Read-About Science (series). Allan Fowler (Scholastic)

Páginas Web

La Luna terrestre — Nuestro satélite favorito
solarsystem.nasa.gov/planets/profile.cfm?Object=Moon&Display=Kids
Explora la página infantil de la NASA sobre la Luna.

La Luna: Mareas
www.enchantedlearning.com/subjects/astronomy/moon/Tides.shtml
Conoce cómo la gravedad de la Luna produce las mareas en la Tierra.

Indice

Informacion sobre la autora

Carol Ryback recuerda haber ahorrado dinero de su mesada para comprarse una carpeta con imágenes de los planetas. A Carol aún le parecen fascinantes el espacio exterior y otros temas científicos. Carol, que ha residido toda su vida en Wisconsin, vive con sus perros favoritos, los golden retrievers Bailey, Merlin y Harley Taylorson. Cuando no está observando las estrellas, a Carol le gusta practicar el buceo.